AF310497

RÉFORME ÉLECTORALE

PROJET

DE

CONSTITUTION RATIONNELLE

basée sur la représentation

DES INTÉRÊTS SOCIAUX

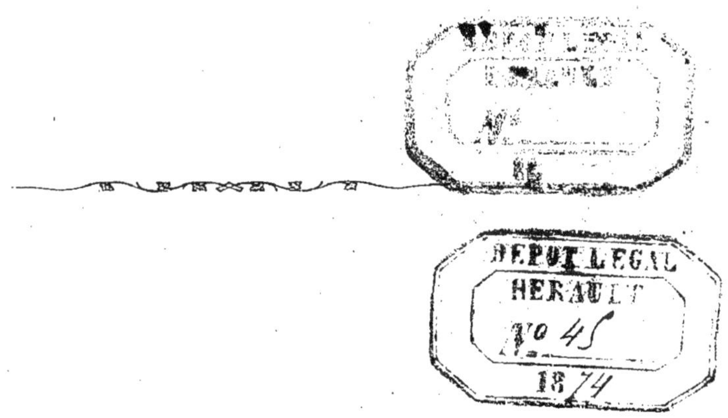

PARIS

E. DENTU, LIBRAIRE-ÉDITEUR

Palais-Royal, 17 et 19, Galerie d'Orléans.

1874

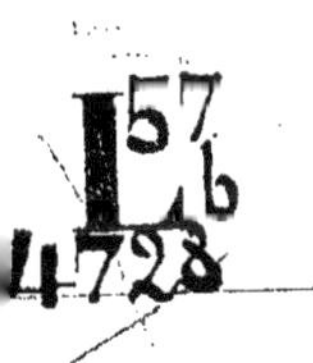

RÉFORME ÉLECTORALE

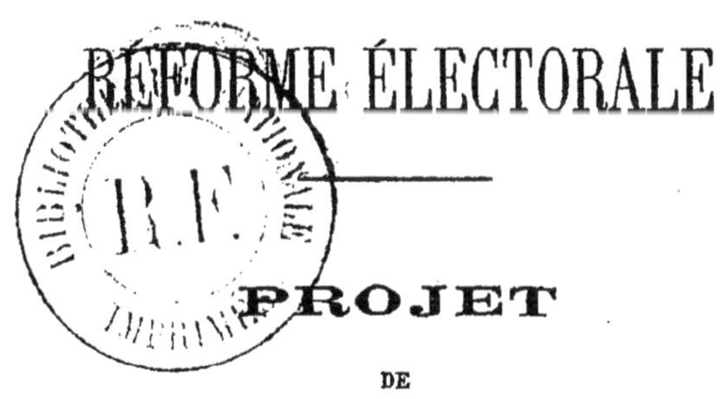

PROJET

DE

CONSTITUTION RATIONNELLE

basée sur la représentation

DES INTÉRÊTS SOCIAUX

Une destinée fatale s'appesantit sur notre malheureux pays. Les années s'écoulent, depuis nos désastres, sans améliorer notre situation politique. Au dehors, un implacable ennemi saisit les plus futiles prétextes pour multiplier ses arrogantes exigences, espérant nous imposer par d'incessantes humiliations une nouvelle lutte à laquelle nous sommes moins que jamais préparés. Au dedans, le flot révolutionnaire envahit progressivement les bancs de l'Assemblée ; et l'on peut, en quelque sorte, déjà préciser le jour où l'avénement d'une majorité recrutée dans les bas-fonds des partis anarchiques inaugurera chez nous le régime légal de la Commune.

L'Assemblée nationale, seule ombre de pouvoir régulier qui nous reste, use les derniers jours de son existence en stériles discussions. Impuissante à trouver le bien, ballottée entre la révolution et la réaction, elle en est réduite aujourd'hui à nous restituer une à une les institutions du dernier Empire, qu'elle avait, il y a quatre ans, repoussées avec un si injurieux dédain.

Nous n'avons pas besoin de faire ressortir les périls de la situation actuelle. Personne ne les méconnaît, pas même ceux qui trouvent dangereux de les étaler au grand jour. Triste moyen cependant de conjurer le mal, que de se refuser obstinément à le regarder en face !

Ce qui ressort le plus nettement de l'état des choses et des esprits, c'est l'impossibilité absolue où nous nous trouvons, depuis quatre ans, de rien organiser de durable, de rien fonder de définitif. On dirait que, voués à tout jamais au provisoire, notre unique préoccupation doive être de le consacrer en tout, comme nous l'avons consacré déjà pour l'exercice du Pouvoir exécutif. Le secret de cette impuissance organisatrice est tout entier dans l'idée fausse qui nous a conduits à ne chercher notre salut que dans la restauration des formes de gouvernement du passé qui, républicaines ou monarchiques, ne sont plus faites pour nous !

Les gouvernements doivent être en rapport avec les besoins des peuples auxquels ils sont destinés. Étudions avec quelque attention quels sont ces besoins pour nous, et nous en déduirons facilement quelles sont les institutions politiques qu'ils réclament.

En examinant à ce point de vue les diverses questions d'organisation politique et sociale qui préoccupent l'opinion publique, nous sommes arrivé à une série de solutions pratiques si naturelles en apparence, si simples en réalité, que nous hésitons à les produire ; car, s'il est une chose dont on se méfie, en France, plus encore que de la nouveauté des idées, c'est de la simplicité des moyens.

L'ensemble des questions que nous avons eu à traiter est cependant tellement complexe, qu'un livre assez étendu serait nécessaire pour les embrasser et les étudier dans tous leurs détails. Ce livre, nous ne savons encore si nous essaierons de le publier un jour. Pour le moment, nous nous bornerons à en détacher quelques feuillets ayant trait surtout à l'organisation rationnelle des pouvoirs politiques que comporte notre état social. Nos idées paraîtront peut-être de prime abord entachées de radicalisme, ce qui préviendra contre elles l'esprit des hommes d'ordre qui s'effraient à bon droit de tout ce qui paraît sous le couvert d'un mot que les partis anarchiques et révolutionnaires ont si étrangement détourné de sa signification naturelle. Nous espérons pourtant que le lecteur ne s'arrêtera pas sur cette impression défavorable, et qu'il ne tardera pas à reconnaître que si nos propositions sont radicales dans leurs principes, elles ne sont cependant ni subversives dans leur but, ni révolutionnaires dans leurs moyens.

I.

Représentation nationale. — Distinction entre les intérêts matériels et les intérêts intellectuels ou moraux.

La première question qui doit nous occuper est celle de la représentation nationale. Placée en tête du programme des nouvelles lois organiques que la Commission des Trente a été chargée d'élaborer, cette question a donné lieu, dans les bureaux de la Chambre aussi bien que dans le public, à des discussions nombreuses et irritantes dont l'avortement complet nous paraît démontrer jusqu'à l'évidence la nécessité de chercher la solution du problème en dehors de l'ornière où l'on s'est traîné jusqu'ici.

Les esprits éclairés sont en général portés à admettre l'utilité de deux Chambres représentatives, et la nécessité de réviser la loi électorale. Mais on s'accorde peu sur les moyens d'opérer cette révision, bien qu'il paraisse parfaitement démontré qu'elle ne saurait consister en simples mesures restrictives du suffrage universel portant sur l'âge, le cens, le domicile, etc. Toute résolution de ce genre, en effet, enlevant arbitrairement le droit de suffrage à une catégorie quelconque d'électeurs, aurait pour conséquence inévitable de créer un grand nombre de mécontents, sans qu'on pût avoir aucune certitude, aucune raison sérieuse d'espérer que les privilégiés auxquels on aurait réservé le droit de vote en useraient d'une manière plus favorable que l'ensemble des électeurs actuels au maintien des grands intérêts sociaux, dont la conservation nous importe avant tout.

C'est cette considération, sans doute, qui a porté quelques membres de la Commission des Trente à proposer récemment d'admettre des colléges électoraux d'ordre différent. L'idée est beaucoup plus juste et conduira certainement à de meilleurs résultats que la mutilation du suffrage universel; mais le principe sur lequel elle repose, celui de la représentation des intérêts associée ou substituée à celle des personnes, n'a pas, à notre avis, été assez nettement défini, et quelques développements nous paraissent nécessaires pour en faire comprendre les mérites et en faciliter l'application.

Le défaut essentiel de la loi électorale promulguée par la révolution de 1848 est en effet de ne tenir compte que du nombre des citoyens, qui doit être représenté sans doute, mais qui ne doit pas l'être à l'exclusion de tous les autres intérêts matériels et moraux, qui autant, plus peut-être que le nombre, sont des éléments essentiels de notre état social.

Depuis bientôt un siècle, nos éphémères constitutions proclament à l'envi le dogme de l'égalité des Français devant la loi. Rien de plus naturel, de plus équitable, si l'on veut dire que tous les Français doivent également obéir à la loi, être également protégés par elle. Mais en dehors de cette égalité morale, qui pourrait contester les conditions d'inégalité entre les citoyens, d'autant plus grandes que l'état social auquel elles s'appliquent résulte lui-même d'un état de civilisation plus avancé? On ne saurait pas plus assimiler M. de Rothschild au dernier des prolétaires, quant à leurs intérêts matériels, que le Président de l'Institut ou l'Archevêque de Paris au prêtre illétré des campagnes ou à l'argousin des bagnes, au point de vue des intérêts intellectuels ou moraux. Les droits de chacun doivent être aussi différents, en bonne règle, que peuvent l'être les intérêts qu'il a à défendre, et les obligations qui en résultent pour lui.

La base essentielle de la loi électorale doit donc être d'obtenir la représentation aussi exacte que possible, non pas du nombre des citoyens, mais de l'ensemble des intérêts sociaux à conserver et à développer, dont le nombre ne forme qu'un élément isolé.

Dans toute société organisée avec des conditions convenables de durée, ces intérêts distincts ont toujours été directement représentés et défendus. Ils l'étaient, avant la Révolution, dans la constitution monarchique, qui — moralement bonne ou mauvaise en elle-même, nous n'avons pas à nous prononcer sur ce point, mais en tout cas appropriée aux besoins de l'époque — a eu le mérite de se perpétuer pendant des siècles, et de constituer cette unité Française dont nos pères étaient si fiers et que nous voyons aujourd'hui amoindrie et menacée d'une complète dissolution.

Aux grands intérêts sociaux de la nation correspondaient alors des institutions durables et définies. Autour de la monarchie, modérant parfois son pouvoir, sans jamais amoindrir son principe d'autorité, se groupaient, avec leurs priviléges, leurs droits comme leurs devoirs, les trois ordres politiques du clergé, de la noblesse et du tiers, les assemblées provinciales et communales, les parlements qui savaient faire respecter par la royauté elle-même les prérogatives et l'indépendance de la magistrature, et jusqu'à ces corporations plus humbles, les jurandes, les maîtrises, qui réglaient les conditions du travail industriel et du salariat.

Rien de tout cela ne subsiste de nos jours, et rien n'est venu le remplacer. La Révolution française a emporté les institutions sociales avec les institutions politiques qui s'étaient moulées sur elle; elle a tout détruit, tout balayé, sans avoir rien su reconstruire sur ce sol nivelé.

Si depuis lors le prestige de la gloire militaire sous Napoléon, la prospérité publique résultant des bienfaits d'une longue paix extérieure sous les gouvernements qui ont suivi le premier Empire, ont pu pallier les effets du mal, ces circonstances fortuites n'en ont pas supprimé le principe. Ce n'est pas d'aujourd'hui, d'ailleurs, qu'on sait attribuer à leur véritable cause l'instabilité de nos innombrables constitutions et tous les maux qui en résultent pour nous. Il y a longtemps déjà, Talleyrand avait nettement défini la situation que la Révolution, cette œuvre de pure démolition, avait faite à la France, en disant qu'elle l'avait désossée. Nulle image physique, en effet, ne saurait mieux rendre compte de l'état d'atonie de ce grand corps social qui tour à tour se gonfle ou s'affaisse au souffle des tempêtes révolutionnaires, capables des plus nobles dévouements comme des plus honteuses lâchetés, des vertus les plus héroïques comme des crimes les plus abominables.

Comment rendre à cette enveloppe ondoyante et mobile la fixité de ses contours, si ce n'est en lui restituant sa charpente osseuse, ces robustes institutions sociales qui la soutenaient sous son ancienne forme monarchique ? Ce résultat peut être obtenu surtout par la constitution organique de la loi électorale, qui doit avoir pour but de nous donner une représentation sérieuse et durable, non de l'opinion politique du moment, essentiellement variable dans l'universalité des citoyens, mais de tous les intérêts généraux, dont la sauvegarde est indispensable au maintien de l'ordre social. Les temps ont changé sans doute, et les intérêts généraux avec eux : il ne saurait plus être question de rétablir les vieilles institutions de la monarchie héréditaire, les trois ordres politiques de l'ancien régime, pas plus que les parlements de la magistrature ou les jurandes du salariat, mais d'adapter des formes analogues aux besoins nouveaux de notre époque.

Dans leur ensemble, les intérêts généraux dont la conservation est indispensable à celle de notre état social, se divisent en deux grandes classes: les intérêts intellectuels et moraux, et les intérêts matériels.

Le principe des deux Chambres représentatives étant admis comme devant constituer deux corps politiques différents, n'est-il pas naturel de convenir que chacune d'elles représentera séparément l'une de ces grandes classes d'intérêts généraux ? Cette distinction d'origine et de fonctions pour les deux Chambres n'est-elle pas plus logique et plus simple que l'idée si malheureusement poursuivie de vouloir, bon gré mal gré, à l'instar de ce qui se passe ou s'est passé chez d'autres peuples, leur assigner respectivement la représentation distincte de classes aristocratiques ou démocratiques qui n'existent plus chez nous ?

Ainsi donc, réserver :

A la Chambre basse, à l'Assemblée nationale, la représentation des intérêts matériels de la société ;

A la Chambre haute, au Sénat, la représentation des intérêts intellectuels et moraux.

Telle nous paraît devoir être la première base sur laquelle doit reposer notre loi électorale.

II.

Représentation des intérêts matériels. — Chambre basse, ou des Députés.

De même que nous avons vu les intérêts généraux se partager en deux classes nettement définies, de même il est aisé de voir que les intérêts matériels, dont nous nous occuperons en premier lieu, se subdivisent en trois grandes branches, éléments essentiels de la fortune publique : la propriété, le capital et le travail; d'où trois grandes classes d'intérêts distincts ayant droit à une représentation séparée. A ces trois classes toutefois, pour ne laisser en dehors de la représentation nationale aucun intérêt, si petit qu'il soit, nous croyons qu'il serait bien d'en associer une quatrième consacrant, comme notre suffrage actuel, l'universalité du droit de vote, assurant à chaque citoyen sa part du droit de suffrage qu'il pourrait exercer une fois au moins dans cette quatrième catégorie, si sa position sociale ne l'appelait pas à le faire en outre dans une ou plusieurs des trois autres.

Tels seraient donc les quatre ordres distincts d'intérêts sociaux qui devraient contribuer séparément à l'élection de l'Assemblée nationale appelée à représenter les intérêts matériels du pays, investie à ce titre de pouvoirs et de droits politiques que nous aurons à définir plus tard.

Nous ferons toutefois observer que le nombre des membres de cette Assemblée pourrait être beaucoup moindre qu'il ne l'est dans notre Chambre actuelle des Députés. Il y aurait tout avantage, croyons-nous, à le réduire au chiffre rond de 400, soit un Représentant par 100,000 âmes de population à peu près pour l'ensemble de la France et de ses colonies.

Ces 400 députés, ayant tous les mêmes droits et les mêmes fonctions politiques, seraient élus individuellement par les quatre catégories d'électeurs ci-dessus déterminées par égales parts pour chacune d'elles, savoir :

1er *Ordre*. PROPRIÉTÉ — Seraient électeurs tous les citoyens payant au principal 200 fr. d'impôt foncier; seraient éligibles tous les électeurs payant 500 fr.

2e *Ordre*. CAPITAL MOBILIER COMPRENANT LE COMMERCE ET L'INDUSTRIE. — Seraient électeurs tous les citoyens

payant une patente commerciale ou industrielle de 50 fr.,
ou justifiant d'un capital mobilier de 100,000 fr. assujéti
à l'impôt; seraient éligibles tous les électeurs de la catégorie.

3e *Ordre*. Salariat. — Seraient électeurs tous les
salariés, ouvriers, agents ou employés de l'État, des com-
pagnies industrielles ou entreprises publiques ou privées
quelconques, depuis le Ministre jusqu'au garde cham-
pêtre, depuis le directeur-général d'une compagnie de
chemin de fer jusqu'à l'homme d'équipe, à la seule condition d'avoir au moins six mois de domicile réel au lieu
de leur résidence; seraient éligibles tous les citoyens
justifiant de leurs droits civils.

4e *Ordre*. Suffrage universel. — Seraient électeurs
tous les citoyens jouissant de leurs droits civils et payant
la cote d'impôt personnel, à la condition de six mois de
résidence réelle; seraient éligibles tous les électeurs.

D'une manière générale pour les quatre catégories,
les conditions d'âge seraient fixées à 21 ans révolus pour
les électeurs, et 25 ans pour les éligibles.

Les veuves sans enfants majeurs, et les filles orphelines
majeures jouissant de leurs biens, pourraient déléguer
leurs droits de vote à un mandataire de leur choix, dans
la circonscription où leur état de fortune les appellerait
à voter pour les deux premières catégories.

Le vote serait obligatoire pour tous les électeurs, sous
peine d'une amende proportionnelle à la fortune pour les
électeurs des deux premières catégories, et de la priva-
tion à temps des droits électoraux pour ceux des deux
dernières.

Des circonscriptions régionales seraient spécialement affectées à l'élection de chaque Député des différents ordres, de manière à comprendre autant que possible un nombre à peu près égal d'électeurs pour chacun des trois premiers.

En vue de répartir plus également les avantages électoraux pour les pays peu peuplés, relativement les plus pauvres, ayant par suite une moindre représentation dans les trois premières catégories, les circonscriptions de la quatrième coïncideraient avec les divisions administratives. Chaque département serait en conséquence appelé à élire un seul Député, soit 86 en tout, les 14 siéges restants pour compléter la représentation du quatrième ordre étant réservés à l'Algérie et aux colonies, qui n'auraient pas d'autre représentation.

Les fonctions de Député seraient nécessairement gratuites pour les représentants des deux premiers ordres ; elles pourraient être rétribuées pour ceux des deux derniers qui n'auraient pas de moyens d'existence suffisants, sur leur simple déclaration publique le jour où leurs pouvoirs seraient reconnus, ou sur l'attestation d'un certain nombre de présidents des colléges électoraux de leur circonscription.

Il est bien entendu que les dispositions que nous venons d'énumérer n'ont rien de rigoureusement positif dans tous leurs détails. Les chiffres-limites que nous avons adoptés pour fixer les idées pourraient être plus ou moins modifiés, pourvu que le principe fût conservé. A cette condition, et sans que nous ayons à faire ressortir tous les avantages du système que nous proposons, on ne peut mettre en doute que, sans exclure personne du droit de vote, l'étendant même dans certaines circonstances aux femmes qui n'ont pas de représentant naturel de leur fortune, ce mode d'élection assurerait la représentation de tous les intérêts matériels de la société, et garantirait par suite, en tout état des esprits, une majorité essentiellement conservatrice de ces intérêts dans l'Assemblée nationale. Cette condition, on doit savoir le dire bien hautement, n'est pas seulement une nécessité, mais un droit social, et il est impossible de pouvoir compter qu'elle sera remplie avec la pratique actuelle du suffrage universel composé d'une majorité considérable d'électeurs qui, n'ayant que des intérêts matériels nuls ou peu considérables à défendre, n'ont aucun motif sérieux de se préoccuper avant tout, dans leur vote, du maintien de l'ordre établi.

III.

Représentation des intérêts intellectuels et moraux. — Chambre haute, ou Sénat.

Un mode analogue d'élection serait adapté à la constitution du Sénat. Aucune distinction de cens ne pouvant établir le droit plus ou moins justifié que peut avoir chaque citoyen à concourir à la représentation des intérêts intellectuels et moraux, le suffrage universel serait encore appelé à élire une partie des membres de la Chambre haute.

On ne saurait se dissimuler cependant que, pour les intérêts moraux aussi bien que pour les intérêts intellectuels, le choix des masses pourrait parfois s'égarer sur des candidats indignes ; aussi croyons-nous que s'il ne paraît pas possible de restreindre le nombre des électeurs, il serait bon toutefois de limiter leur choix en imposant aux élus du suffrage universel la gratuité des fonctions sénatoriales ; moyen certain de garantir, sinon toujours leur parfaite moralité, tout au moins la sincérité de leurs opinions conservatrices.

Cette précaution ne serait pas nécessaire pour ceux qui seraient élus par des catégories particulières d'électeurs auxquels leur position sociale et leur degré d'instruction permettraient d'attribuer un sens intellectuel et moral plus développé que ne l'est en moyenne celui des électeurs du suffrage universel.

Sans entrer dans d'autres détails pour motiver une classification qui nous paraît se justifier d'elle-même, nous proposerions de répartir comme suit la nomination des Sénateurs, dont le nombre total, moitié de celui des Députés, pourrait être fixé à 200 :

Sénateurs élus par le suffrage universel dans les 86 départements........................... 86

Siéges réservés à certains dignitaires du clergé, de la magistrature, des corps savants........... 14

Membres choisis par le Chef du Pouvoir exécutif dans certaines catégories désignées............. 30

Représentants des cultes reconnus par l'État, élus par les membres de leurs clergés respectifs....... 20

Sénateurs élus par les citoyens exerçant des professions libérales, pourvus de diplômes ou brevets universitaires, anciens élèves des écoles de haut enseignement, etc 50

Total............ 200

L'âge des électeurs serait fixé à 25 ans ; celui des éligibles à 30 ans, sans autre condition pour ces derniers que de jouir de leurs droits civiques.

Les fonctions de Sénateur, gratuites pour les élus du suffrage universel, pourraient, en cas d'insuffisance de fortune, être rétribuées pour les autres, sur simple décision du Chef du Pouvoir exécutif, sans que toutefois l'indemnité qui leur serait allouée pût se cumuler avec aucun autre traitement sur les fonds du budget.

IV.

Pouvoir législatif. — Conseil d'État.

Le pouvoir législatif serait exercé concurremment par les deux Chambres, chacune dans la limite de ses attributions constitutionnelles : la Chambre haute discutant et votant les lois d'intérêt intellectuel et moral, la Chambre basse les lois d'intérêt matériel ; chacune d'elles n'ayant qu'un droit de contrôle sur les lois votées par l'autre, à l'effet de constater qu'il n'y a pas eu empiétement sur ses attributions particulières.

L'initiative des lois appartiendrait également au Pouvoir exécutif et aux deux Chambres, chacune dans la limite de ses attributions.

Les projets de loi seraient élaborés par un Conseil d'État composé de 30 membres, dont 10 seraient nommés par la Chambre haute, 10 par la Chambre basse, et 10 par le Pouvoir exécutif.

Les Chambres ne pourraient directement amender les projets de loi, mais simplement les renvoyer au Conseil d'État. Au cas où le nouvel avis du Conseil ne satisferait par la Chambre compétente, elle pourrait renvoyer une seconde fois le projet au Conseil d'État, auquel elle adjoindrait une délégation de 30 de ses membres. Après ce nouvel examen, la Chambre ne pourrait plus qu'approuver ou rejeter le projet dans son entier.

Dans le cas où une loi serait reconnue toucher à la fois aux intérêts séparément représentés par les deux Chambres, la discussion en aurait lieu dans chacune d'elles.

Les questions de compétence seraient résolues en principe par le Conseil d'État. En cas de réclamation de l'une ou de l'autre Chambre, le conflit serait renvoyé devant le Conseil d'État, renforcé de deux délégations de 15 membres chacune, nommées par les deux Chambres.

Les lois seraient promulguées par le Chef du Pouvoir exécutif, qui ne pourrait exercer sur elles qu'un vote suspensif de six mois au plus, délai dans lequel la loi devrait être soumise à un nouvel examen de la Chambre compétente.

<h2 style="text-align:center">V.</h2>

<h3 style="text-align:center">Pouvoir exécutif.</h3>

La question du Pouvoir exécutif n'est plus entière. Elle a été tranchée pour sept ans. Nul, plus que nous, n'a de déférence pour la décision souveraine prise à cet égard par l'Assemblée nationale, et de respect pour le Chef illustre auquel a été confiée la mission de diriger les destinées de notre pays pendant cette période qui doit avoir une influence décisive sur son avenir. Car, suivant qu'elle sortira victorieuse ou non de la crise actuelle, la France se relèvera plus grande que jamais, ou retombera pour toujours au rang des nations qui ne comptent plus.

La propagande révolutionnaire a fait notre force au commencement de ce siècle. C'est à elle que nous avons dû de voir nos armées conquérantes acceptées et accueillies par les peuples de l'Europe, qui acclamaient en nous des libérateurs venant détruire les abus des vieux temps et inaugurer une ère nouvelle de progrès et de liberté. Mais le temps n'est plus à la propagande révolutionnaire. Il ne s'agit plus aujourd'hui de détruire mais de réédifier, et c'est à cette œuvre que nous devons appliquer toutes nos facultés, si nous voulons reprendre notre ascendant en Europe.

La vieille idée révolutionnaire ne nous vaudra plus d'autre adhésion que celle des anarchistes et des intransigeants de tous les pays, et ce n'est plus par des exemples analogues à ceux qu'a donnés la Commune de Paris, mais par la manifestation évidente d'un progrès accompli, par l'institution d'un système politique réellement adapté à notre état social et à bon droit envié par les honnêtes gens de tous pays, que nous pourrons ramener à nous ces sympathies générales que la vue de nos dissensions, de nos crimes et de notre impuissance politique a écartées de nous.

Nous avons essayé de faire voir les principes rationnels suivant lesquels devrait être construit ce nouvel édifice. Mais, en rappelant à dessein cette image dont on s'est tant servi sous le gouvernement déchu, nous croyons nécessaire de lui rendre sa véritable acception. Ce n'est point à la base, en effet, mais au sommet que doit être, à notre avis, placé le Pouvoir exécutif. Si l'on veut assurer l'équilibre et la stabilité de l'ensemble, l'autorité doit venir d'en bas, et le pouvoir qui en émane se trouver en haut, occupant le sommet de la pyramide dont les larges assises formées par des institutions politiques aussi durables que nettement définies, reposeront elles-mêmes sur une organisation, ou pour mieux dire une agrégation logique de notre état social tout entier.

Une fois l'œuvre de réédification accomplie, peu importera, croyons-nous, la forme donnée au pouvoir qui occupera le faîte. Le principe en sera-t-il électif ou héréditaire ? Ce ne sera qu'une question de détail, si les attributions de ce pouvoir sont nettement limitées et définies.

L'essentiel, pour le moment, est de préparer cette œuvre de reconstruction sociale, de mener à bien l'achèvement de l'édifice sur lequel l'autorité doit définitivement s'asseoir un jour. Une sorte de dictature est provisoirement nécessaire pour amener ce résultat. Il est seulement essentiel que ce pouvoir exceptionnel soit exercé par un homme ayant le cœur assez haut placé, assez dégagé de toute pensée personnelle, pour faire passer les intérêts du pays avant ceux d'une égoïste ambition, pour préférer le rôle de Washington à celui de Monck ou de Cromwell; et nul ne paraît plus apte à remplir cette importante mission que celui dont tous les partis se plaisent à reconnaître la loyale abnégation et le patriotique désintéressement.

L'existence du septennat ne saurait donc entraver en rien, pourrait au contraire faciliter la mise en pratique d'un projet de constitution analogue à celui dont nous venons d'esquisser les lignes principales. Nous nous sommes borné à l'examen des questions d'organisation purement politique; ce ne sont pourtant pas les seules dont la solution soit nécessaire. Tout se tient, dans un plan rationnel de réorganisation sociale. Il ne suffit pas d'avoir indiqué comment devraient être organisés, comment devraient fonctionner les corps politiques-constituant le gouvernement; il faudrait en même temps faire voir comment devraient être constitués les organes accessoires qui assureraient la force et la stabilité de ce pouvoir. Pour remplir notre cadre, nous aurions dû examiner séparément :

L'assiette de l'impôt; faire voir comment on peut élever les ressources du budget à la hauteur de ses besoins, sans entraver la consommation, sans ralentir la production;

L'organisation de l'armée; comment elle doit se rattacher à la constitution sociale, se plier aux besoins et aux ressources de notre civilisation; comment, à un moment donné, en vue d'un grand effort nécessaire, on pourrait faire concourir toutes les forces vives de la nation à la défense des intérêts de tous, chacun contribuant à l'œuvre commune dans la mesure de ses facultés physiques et intellectuelles, aussi bien que de ses ressources matérielles;

L'organisation économique complétant l'organisation politique de nos intérêts matériels, réglant les droits et les rapports de ces deux branches essentielles de la production nationale, le capital et le travail, qui, ne pouvant fructifier l'une sans l'autre, ont une trop grande communauté d'intérêts, une trop grande solidarité d'action pour que le malentendu que les passions ont suscité entre elles puisse se maintenir longtemps;

Nos relations extérieures enfin; la politique que nous devrions pratiquer, les alliances que nous devrions nouer au dehors, pour effacer les méfiances que nous avons accumulées contre nous ; rallier à nous les peuples voisins par les liens d'une confédération fraternelle où tous auraient à gagner, où nuls n'auraient à perdre ; résoudre enfin par des voies pacifiques ce grand problème de la République chrétienne dont Henri IV avait conçu le programme, et dont la réalisation n'aurait jamais dû cesser d'être le but politique des gouvernements qui se sont succédé chez nous.

Les solutions que nous arriverions à proposer pour ces divers problèmes ne seraient pas moins pratiques dans leur but, faciles dans leurs moyens, certaines dans leurs résultats, que nous paraissent l'être celles que nous indiquons aujourd'hui pour l'organisation rationnelle des pouvoirs politiques. En pareil cas, cependant, on doit toujours se méfier de soi-même quand il s'agit d'apprécier le mérite de ses idées personnelles. Peut-être nous exagérons-nous la valeur des nôtres. Le lecteur en sera juge, et le spécimen que nous lui soumettons aujourd'hui sera suffisant pour fixer son appréciation.

Si l'opinion des hommes politiques auxquels nous nous efforçons de faire appel nous paraît favorable, il sera facile pour nous de compléter cette première publication en lui donnant tous les développements que le sujet comporte. Si au contraire nos idées ne rencontrent au dehors aucune adhésion, cette brochure, si courte qu'elle soit, sera encore trop longue ; et, n'ayant pu convaincre le lecteur, nous n'aurons qu'à nous excuser auprès de lui. d'avoir tenté de le faire.

MONTPELLIER

TYPOGRAPHIE ET LITHOGRAPHIE DE BOEHM & FILS

IMPRIMEURS DE L'ACADÉMIE DES SCIENCES ET LETTRES

ÉDITEURS DU MONTPELLIER MÉDICAL.